Johannes Heisig **Aus der neuen Welt**

Bilder seit 1989 · Malerei

© Günter Bersch

Johannes Heisig **Aus der neuen Welt**
Bilder seit 1989 · Malerei

Dieser Katalog erscheint anlässlich der Ausstellungen
›Aus der neuen Welt · Bilder seit 1989 Malerei · Zeichnungen · Graphik‹ in der Kunsthalle Dominikanerkirche Osnabrück vom 24. Januar bis 28. März 2004 und im Alten Rathaus und der Galerie APEX Göttingen vom 15. Mai bis 15. Juli 2004, organisiert von der Galerie tammen & busch, Berlin.
Anlässlich weiterer Ausstellungsstationen (unter anderen in Lübeck und Berlin) erscheint im Herbst 2004 ein weiterer Katalog mit Zeichnungen und Graphiken von Johannes Heisig, www.johannes-heisig.de

© Galerie tammen & busch
Chamissoplatz 6, 10965 Berlin
Tel. (030) 69 40 12 45
Fax (030) 69 40 12 47
www.tammen-busch.de
bbusch@snafu.de

Copyright für Fotos und Texte bei den Autoren und Fotografen

Katalogkonzeption:
Hans Spörri und Johannes Heisig
Grafik-Design: Hans Spörri
Reprofotografie:
Falko Behr, Bernd Borchardt, Bernd Kuhnert, Stefan Rabold, Götz Schlötke
Fotosatz und Lithos:
typossatz GmbH Berlin
Druck und buchbinderische Verarbeitung: DRV Erfurt

Vertrieb für den Buchhandel:
Galerie tammen & busch
Chamissoplatz 6 · 10965 Berlin

ISBN 3-00-013049-7

Für freundliche Unterstützung der Ausstellungen danken wir dem Land Niedersachsen, der Kunsthalle Dominikanerkirche Osnabrück, der Stadt Göttingen und der Galerie Rothamel Erfurt, www.rothamel.de

Das Zustandekommen der umfangreichen Ausstellungen verdanken wir der großzügigen Unterstützung der Leihgeber:
Marlies und Reimund Boderke
Dresdner Bank AG
Helga und Gerhard Eberstadt
Kai-Werner Frangenberg
LBD Unternehmensberatung
Hannelore und Kurt Mühlenhaupt
Peter Neubart
Emil Rinckens
Familie Römer
Kerstin und Hinrik Schünemann
Gabriele Tammen-Parr
Werner Tammen

Umschlag-Abbildungen

Titelseite:
Land in Sicht, 1992 – 1994, Mischtechnik/Leinwand, 170 x 200 cm

Rückseite:
Chiemsee, 1995, Öl/Hartfaser, 50 x 80 cm, Privatbesitz München

Vordere Klappe:
Johannes-Puppe und China-Drachen, 2002, Öl/Leinwand, 130 x 85 cm

Hintere Klappe:
Dachbodenfenster, Winter, 1996, Öl/Hartfaser, 50 x 70 cm, Privatbesitz Hamburg

Inhalt

7 *Dr. Jürgen Schilling*
Zu neuen Bildern von Johannes Heisig

9 Tafelteil

73 *Ilona Rühmann*
Suche nach dem roten Faden
Johannes Heisig – Bilanz der Bilder

78 Verzeichnis der abgebildeten Werke

80 Biografisches

80 Ausstellungen

© Günter Bersch

Dr. Jürgen Schilling

Zu neuen Bildern von Johannes Heisig

›Alpha und Omega‹ nennt Johannes Heisig ein bemerkenswertes, großformatiges Gemälde, das sicher als eines der Hauptwerke aus jüngerer Zeit gelten darf. Vor einer kulissenartig angelegten Szenerie bietet sich der Blick auf eine verwüstete, brennende Welt. Gerüste zweier Hochhäuser bersten, Flammen lodern hoch auf und verdecken den von surrealen Wesen bevölkerten Himmel mit ihren roten Schwaden. Als zentrales Motiv dominiert den Bildraum ein in leuchtendem Kolorit angelegter Fötus, auf dem eine kleine, verloren wirkende Figur kriecht. Der Vordergrund ist in bleiches, fahles Licht getaucht, eine Menschengruppe, oder besser: weißgrau bestäubte Wesen, drängen nach vorn, gleichsam aus dem Bildgeviert heraus. Fatalen Geistern aus den Zeiten der Pest gleich, bilden sie eine undurchdringliche Barriere, die den Blick auf Details verstellt. Die versteinert-erstarrten Mienen dieser dem Grauen und der Trostlosigkeit entrinnenden Gehetzten, in deren Flucht sich der Maler eingereiht hat, erinnern an die jener somnambulen ›Pompejanischen Köpfe‹, die Heisig 1996 zeichnete und malte.

Angesicht dieses Werkes, das aufgrund seiner Thematik und künstlerischer Methodik nicht nur als typisch für das Schaffen Johannes Heisigs gesehen werden kann, sondern das auch einen wichtigen Beitrag zur heutigen figurativ-realistischen Malerei darstellt, scheint es, als demonstriere er hier auf einen Schlag die Summe seiner jahrzehntelangen Erfahrungen.

Die Geschichte des Werkes ist typisch für Heisigs Vorgehensweise, denn unter der sichtbaren Farbhaut von ›Alpha und Omega‹ liegt das Bild ›Der Wald von Birnam (Macbeth)‹ aus dem Jahre 1991, von dem allein die überarbeitete Gestalt des Kriechenden geblieben ist.[1] Nicht etwa aktualisiert wurde dieses Bild, sondern bis auf einen kleinen Bereich völlig übermalt.

Johannes Heisig, Maler in der dritten Generation, bearbeitet klassische Themen, deren langer, kunsthistorischer Tradition er sich bewusst ist und denen er sich behutsam, ja skrupulös annähert. Immer im Zweifel, auf der Suche nach dem ›Schönen‹, wie er sagt und dabei an den mittelalterlichen Begriff denkt, der damit etwas Gelungenes, Fertiges und Wahrhaftiges meint. Er gestaltet menschenleere, wie mit dem Weitwinkelobjektiv erfasste Berliner Stadtbilder und Landschaften, Blumenstillleben und Portrait-Bildnisse, die man eher als analytische physiognomische Studien in der Nachfolge Oskar Kokoschkas bezeichnen möchte; seine größte Aufmerksamkeit aber gilt den Figurenbildern, der Darstellung von Menschen in komplizierten, den Künstler persönlich anrührenden Situationen. Sie drängen ihn, seinen individuellen Gesichtspunkt darzulegen, das heißt nicht auszulegen und Stellung zu beziehen im Sinne eines engagierten Kommentars, sondern eher im Sinne einer intellektuellen Grübelei mit malerischen Mitteln.

Dabei schöpft er aus dem, was ihn umgibt, was er unmittelbar beobachtet oder ihn als Information über die Medien erreicht. Er begreift sich als subjektiver Beobachter eines realen Theaters, dessen absurde, übersteigerte und bedrohliche Züge er erfasst und in seine Arbeit einfließen lässt. Geringe Anlässe können ebenso zu großen Themen wachsen wie eine Katastrophe, die ihm zur Kenntnis gelangt und ihn erschüttert. Er schrieb, von Anfang an habe er etwas gestalten wollen, ›das ein ganz persönliches Erleben im Spiegel der so genannten gesellschaftlichen Konflikte thematisiert, also untersuchen, wie sich die Dramen von Kriegen und Flüchtlingsströmen, von Umstürzen und Hungersnöten, deren Schnappschüsse uns täglich ins Haus geliefert werden, zu mir und den mich umgebenden Alltäglichkeiten verhalten. Wo stecke ich das hin, was bewirkt das in mir, was trage ich zum Zustand dieser Zeit bei und wo und wie kann ich überhaupt etwas tun oder mich auch nur darin wieder finden?‹[2] Heisigs Bilder sind hohem Maße inspiriert von subjektivem Erleben, nicht zuletzt spielen autobiographische Reminiszenzen und historischen und religiösen Kontexten entstammende Rückverweise eine ernsthafte Rolle.

Malerisch bewegt sich Johannes Heisig in einem Traditionsstrang, dessen Bogen sich von der mittelalterlichen Kunst, Grünewald und Rembrandt bis zur Formensprache des Dresdner Realismus und Expressionismus eines Otto Dix, Kokoschka oder eben seines Vaters, Bernhard Heisig, spannt, mit dessen Arbeiten er aufwuchs und dem er mehrere Jahre lang in der Werkstatt assistierte.

Daneben sind es impressionistische und informelle Impulse, auch die Dynamik der Art brut, die seinen malerischen Duktus prägen und denen das Werk jenen Furor verdankt, der es unverwechselbar macht. Heisigs Gabe, auch dann eine sinnliche Atmosphäre zu schaffen, wenn das Thema es nur schwer zulässt, entspringt dem Zusammenspiel von rationaler kompositorischer Ordnung und koloristischer Raffinesse. Das einander verstärkende Mit- und Gegeneinander kalter und warmer Töne entwickelt aus sich heraus funktionierende Spannungen und obwohl oder gerade weil er seine Palette, deren Tonalität sich im Laufe der vergangenen fünfzehn Jahren zunehmend verdunkelte, beschränkt, entfalten sich emotional wirksame Strukturen. Aus düsteren, gedämpften, ja bisweilen stumpfen, die Räumlichkeit definierenden Partien brechen gleißend leuchtende Farbblitze, Flecken und lang gezogene Linien. Explosionsartig drängen sie sich ins Bewusstsein. Die Materialität der pastos in mehreren übereinander gelegten Schichten auf die Leinwand aufgebrachten Farben erobert sich auf diesen Bildern eine autonome Rolle und dient keineswegs allein der Formulierung einer Bildidee. Sie ordnen sich nicht unter, sondern beanspruchen eine sie betreffende Aufmerksamkeit durch die lebhaften Akzente, die sie setzen.

Das gewählte Motiv dient als Ausgangspunkt für eine aufreibende malerische Recherche, die das Konstruieren, aber auch ein Verwerfen,

Veränderungen und Brüche bis hin zur radikalen Überarbeitung der Leinwand einschließt, die den schöpferischen Prozess der Bildorganisation zu einem arbeitsintensiven, kreativen Abenteuer, einer Reise mit offenem Ausgang, werden lässt. Simultan verlaufende oder zeitverschobene Abläufe werden verschmolzen, räumliche Distanzen vermag Heisig virtuos zu überbrücken. Diese thematisch bedingte Zusammenführung von Zeit und Ort bedingt eine klare formale Konzeption, eine überlegte Verteilung der Energiefelder, wie sie nicht nur aus einer dramatische Steigerung des malerischen Vortrags resultiert, sondern auch aus der überlegten, kontrastreichen Verteilung reiner Primärfarben und tonig-düsterer Flächen, die die Malerei gewichten und einen Dialog zwischen den dargestellten Szenen ermöglichen. Weil der Schauplatz der Bildbühne begrenzt ist und Johannes Heisig ihren gesamten Raum beansprucht, das heißt eine Vielzahl optischer Informationen auf engem Raum bündelt, ja zwingt, kommt dieser Gestaltungsform Bedeutung zu. Die visuell vermittelten Aussagen fließen ineinander und lenken das Auge des Betrachters, der sie inhaltlich ergründen will, von einem optischen Kraftzentrum zum anderen. Immer, wenn sich ein Bildzentrum auszumachen lassen scheint, wird es weiter über die Fläche geführt und findet rasch eine neue Attraktion.

Jene menschlichen Figuren, denen wir auf diesen Bildern begegnen, bewegen sich in knapp und nur andeutungsweise in definierten, geheimnisvollen und intuitiv[3] begriffenen Räumen. Auch wenn sie banalen Tätigkeiten nachgehen, scheinen sie in eine Rolle geschlüpft zu sein, die sie vor existenziell bedeutende Aufgaben stellt. Dennoch wirken sie passiv, ausgeliefert einem unentrinnbaren Schicksal, irritiert durch das, was um sie herum vorgeht. Menschen, die Johannes Heisig zeigt, sind beschädigt, angegriffen und vorrangig mit sich selbst befasst. Ihre weit aufgerissenen, skeptisch-fragenden Augen erforschen die Umwelt, ihre Körper und Gliedmaßen sind verformt, dominiert von überdimensionierten, maskenhaften Gesichtern. Die Formgebung stummer Münder signalisiert Emotion und charakterisiert bestimmte Typen. Sie scheinen unhörbare Töne zu formen, wenn sie in kleinen Gruppen kommunizieren. Die intensive Präsenz dieser Personen lässt uns Beispiele der verrätselten Kunst Goyas, Füsslis oder Ensors in den Sinn kommen. Gequält und introspektiv, angespannt, eher traumatisiert als exaltiert irren sie inmitten einer ihnen eigentlich vertrauten Umgebung in den Straßen der Stadt oder in der Untergrundbahn umher, wie Kreaturen, denen diese Welt eine fremde ist.

Manche Abschnitte im Bildgefüge bewegen sich am Rande der Ungegenständlichkeit. Wirklichkeitsnahes, Attribute und Gesten werden relativiert und mit leichter Hand durch Kürzel ersetzt, ruppig oder zart nuanciert gesetzt. Die Erregung des Malers überträgt sich auf die Malfläche. Sie befreit und bewirkt, dass sich gewisse Fragmente verselbstständigen und – wenn sie der selbstkritischen beurteilenden Überprüfung durch den Maler standhalten – als authentische Zeichen stehen bleiben, die das komplexe Werk verdichten.

Heisigs ernsthaftes Interesse gilt – auch hinsichtlich seiner eigenen Person, die er regelmäßig im Selbstbildnis reflektiert – der Frage nach der physischen und mentalen Befindlichkeit in einer sich beständig wandelnden, von außen konditionierten Gesellschaft und der aus dem Wissen um die Umstände abgeleiteten Haltung des Einzelnen. Er gibt sich keineswegs als Visionär, registriert vielmehr unsentimental Umstände und Fakten und belässt es bei unaufdringlichen Anspielungen. Dem Rezipienten, der sich mit seinen Bildern auf ein Zwiegespräch einlässt, bleibt Raum für die eine subjektive Interpretation.

Es handelt sich nicht um lesbare, veranschaulichende Allegorien, die es zu deuten gilt. Umso nachhaltiger inspirieren Johannes Heisigs Werke unsere Vorstellungskraft, weil sie voller Metaphern stecken, sublimen Hinweisen auf seine Deutung der Wirklichkeit. Max Beckmann sprach davon, dass es sich für ihn immer darum gehandelt habe, ›die Magie der Realität zu erfassen und diese Realität in Malerei zu übersetzen. – Das Unsichtbare sichtbar machen durch die Realität. – Das mag vielleicht paradox klingen – es ist aber wirklich die Realität, die das eigentliche Mysterium des Daseins bildet.‹[3] Indem Heisig inneres Erleben transponiert, gestaltet er hintergründige Rätsel, die decodiert sein wollen. Er bemerkte, dass er auf seine gemalten ›Selbstgespräche‹, seine wachsamen Überlegungen und Empfindungen, die er Bild werden lässt, Reaktionen erwartet, also auf die Bereitschaft einer Öffentlichkeit setzt, die diese intimen, unausgesprochenen Botschaften nachzufühlen sucht. Heisigs suggestive und private Bilder, seine Zeichnungen und Druckgraphiken provozieren die Lust zu sehen und stimulieren die imaginäre Phantasie, die Lust zur Auseinandersetzung mit ihnen und über sie.

---

1 Vgl. die Abbildung der ursprünglichen Version des übermalten Bildes in: Johannes Heisig, Ausstellungskatalog, Galerie Tammen und Busch, Berlin 1996, s. p. (S. 100)
2 Johannes Heisig, vgl. ebd., S. 105
3 Max Beckmann, Über meine Malerei, Vortrag, gehalten in den New Burlington Galleries, London 21. Juli 1938, vgl. Ders., Die Realität der Träume in den Bildern, Leipzig 1987, S. 135

1 Alpha und Omega, 2003

2 Mann mit Fliege, 2000
3 Selbstbildnis, 2002

4 Romanze, 1993/2003
5 Der Vorhang (Familienbande), 1998/2003

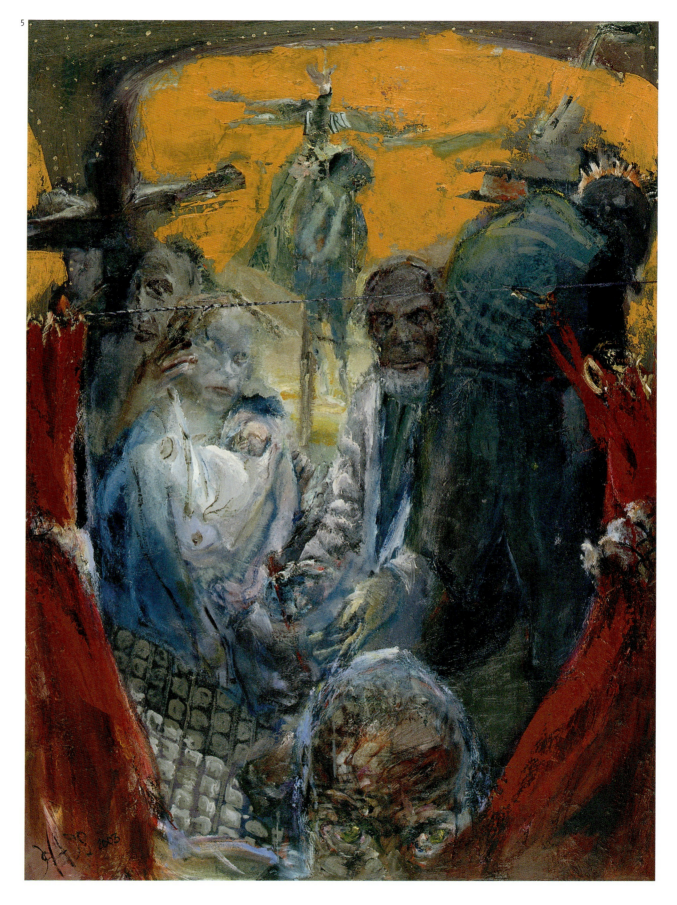

6 Abwarten, 1992/1993/2003
7 Das Loch, 1992

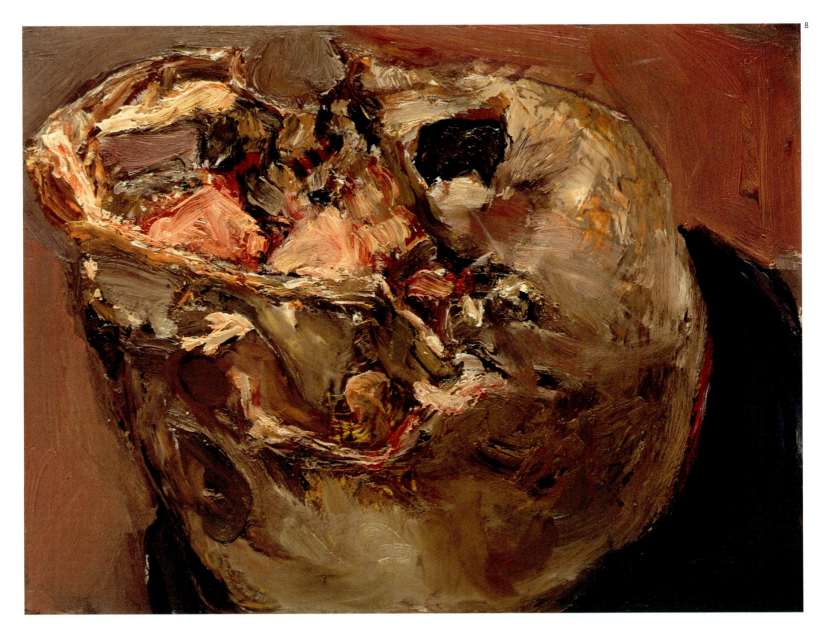

8 Auf dem Kopf, 1996
9 Mit Ach und Krach (Die Achterbahn), 1990

10 Deutscher Meister, 1996
11 Brandschatz, 1996

12 Drachenflieger, 1994
13 Skateboard, 1997 – 2003

14 Das Freibad, 1991
15 Schwimmen lernen, 1991
16 Freibad (Unter Wasser), 1998/2003

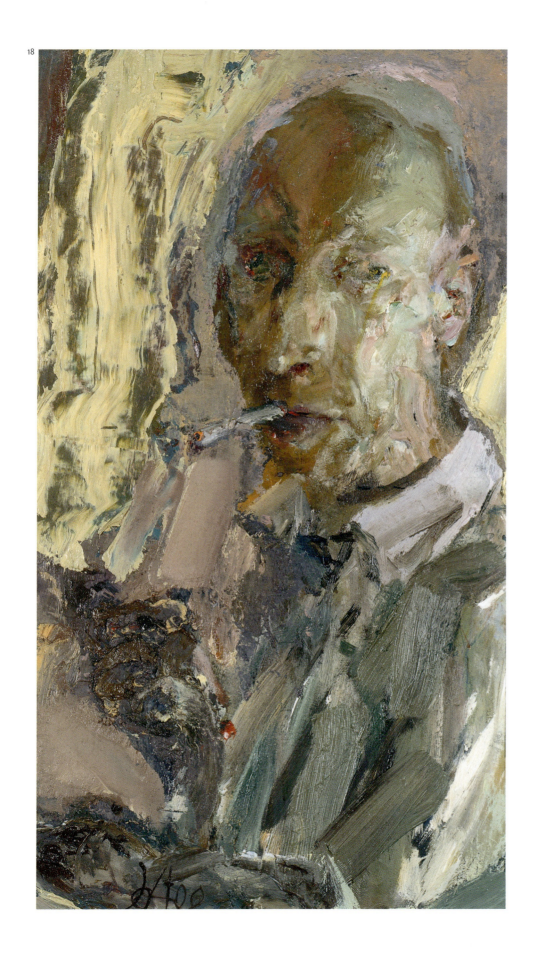

17 Baywatch, 2003
18 Selbstbildnis mit Zigarette, 1999

19 Zwei Puppen (Der Fremde und das Schwein), 1993
20 Zwei Puppen (Der Fremde und das Mädchen), 1993

21 Selbstporträt 1992
22 Onyx, 1993/2003

23 Sonnenblume, 1995
24 Sonnenblume, 1998
25 Verwelkte Sonnenblume, 1999
26 Verwelkte Sonnenblume, 1999

27 Berliner Hof V, 1996
28 Marzahn, 1998
29 Bahnhof Alexanderplatz, 1997

30 Hof in SO 36, 2003
31 Dresden, Kotzschweg, 1996

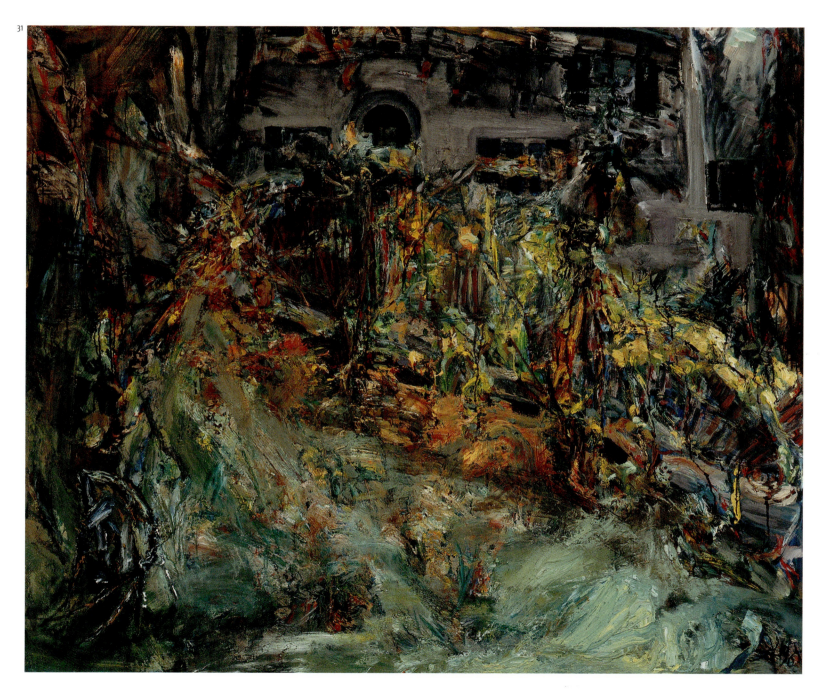

32 Provenzalisches Triptychon, 1997/1998
33 Porträtstudie Hermann, 2002

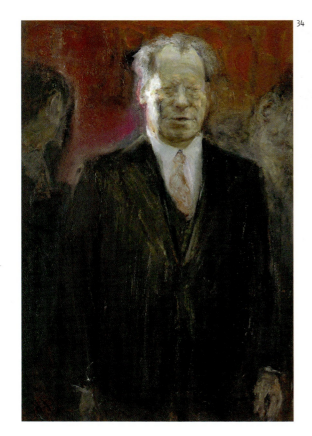

Heisigs hellbraune Ölbilder kommen aus einer Tradition, die auf Lovis Corinth zurückweist. Doch er transzendiert diese Figuration von innen. Auf seinen Bildern franst Brandts Körper von der Seite aus, die Oberfläche wirkt schrundig, sie hellen sich von der Mitte her auf. So gelingen ihm Sinnbilder des Widerspruchs zwischen Nebulösem und Konkretem, zwischen Verletzung und Verschlossenheit, zwischen Zerrissenheit und Entschiedenheit, des SPD-Patriarchen …

Ingo Arend, in ›Freitag‹, 19. 12. 2003

Beim Arbeiten wurde mir dann plötzlich klar, wie eng dieser deutsche Kanzler und sein politisches Wirken verbunden war mit meiner eigenen Biographie. 1968 war ich sechzehn Jahre alt und mithin in dem Alter, in dem man wohl am heftigsten nach Orientierung und Perspektive sucht. Gleichzeitig war es eine unglaublich dichte und ereignisreiche Zeit …
In Deutschland saßen wir an der Nahtstelle der beiden Welten und entsprechend holzgeschnitzt und rudimentär erschien der politische Dialog, wenn man ihn überhaupt so nennen durfte. Ich erinnere mich, wie tief beeindruckt und berührt wir Ostdeutschen waren, als in diesem restriktiven Umfeld plötzlich ein neuer Ton zu hören war. In Bonn war Brandt Kanzler geworden und hatte mit seinem sehr persönlichen und, wie wir spürten, aufrichtig-emotionalen, und damit gänzlich unorthodoxen und neuen Stil begonnen, Breschen

in die Versteinerungen des politischen Klimas zu schlagen. Er und Egon Bahr waren die beiden Schlüsselfiguren, die für uns aufkeimende Hoffnung und vor allem eine langersehnte Bewegung verkörperten.

(Brandt) wird ... beschrieben als eine sehr humorvolle Person und als ein Mann, der ausgesprochen gerne argumentierte und diskutierte. Doch gleichzeitig schien er ständig einen gewissen Abstand zu suchen. Immer umgibt ihn einen Hauch von Einsamkeit und sogar Melancholie. Dieser besondere Gegensatz fasziniert mich, und ich denke, man kann ihn aus seiner Körpersprache herauslesen. Selbst in den Augenblicken größter Inspiration im Diskurs und sogar bei seinen Witzen gibt es eine Art Steifheit, die von Verletzungen und Schmähungen während seiner politischen Laufbahn herrühren mag. Das sind so Fährten, denen man als Maler folgt, und hier führten sie mich zu jener Komplexität der Persönlichkeit Willy Brandts, die mich und mein ganz eigenes Thema immer wieder aufs Neue berührt.

Johannes Heisig anlässlich der Übergabe seines Willy-Brandt-Porträts am 18. März 2003 am German Historical Institute in Washington, D.C.

34 Porträt Willy Brandt I, 1999
35 Porträt Willy Brandt II, 1999
36 Bildnis Willy Brandt, 1999
37 Porträt Willy Brandt, 2003

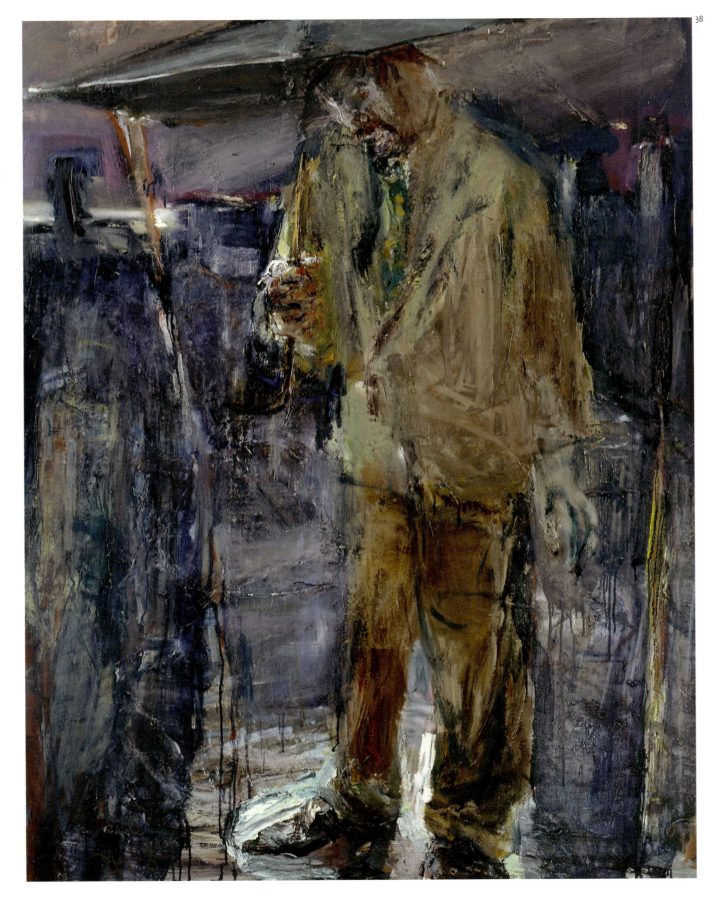

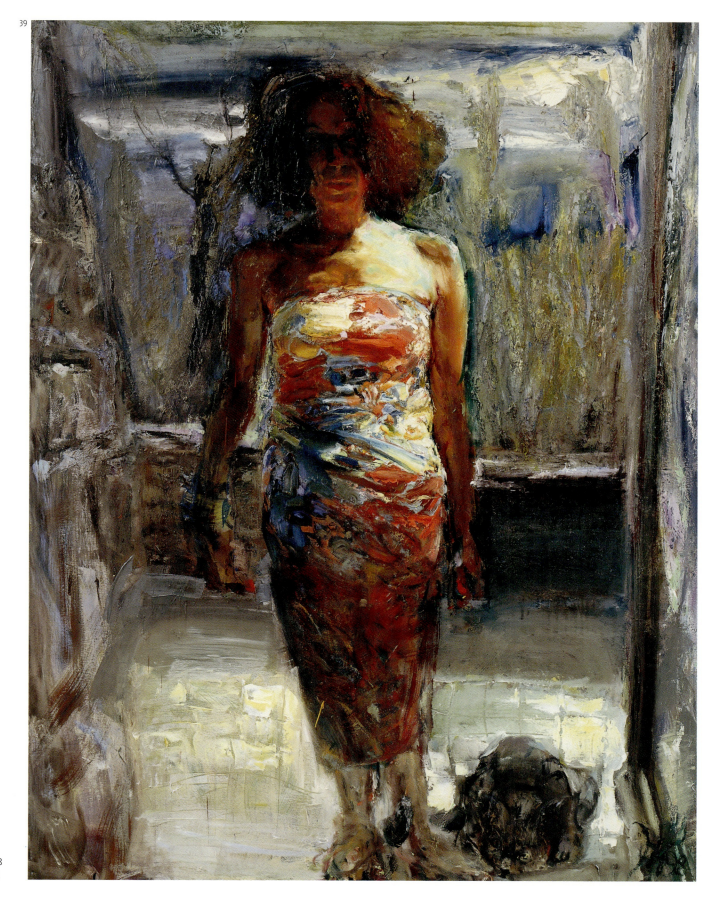

38 Regenmann, 1998
39 Sonnenfrau, 1998

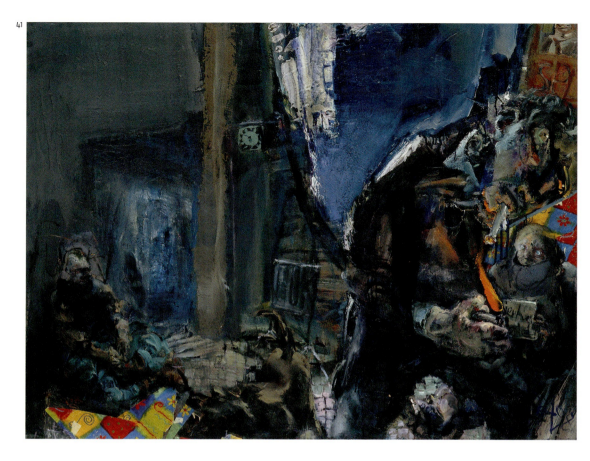

40 Love Parade I, 1998
41 Love Parade II, 1998
42 Love Parade III, 1998

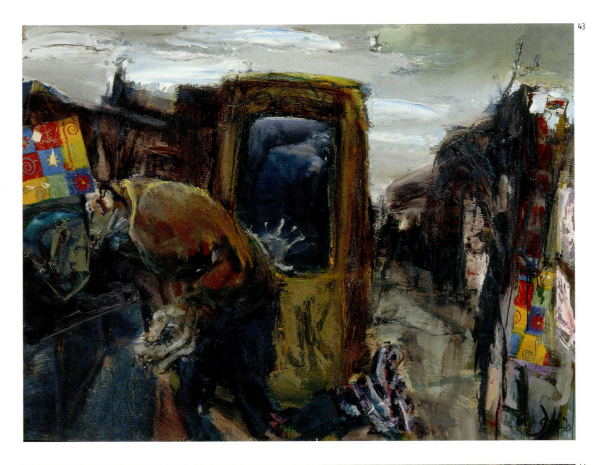

43 Love Parade IV, 1998
44 Love Parade V, 1998
45 Love Parade VI, 1998

46 Love Parade VII, 1998
47 Love Parade VIII, 1998
48 Love Parade IX, 1998

47

48

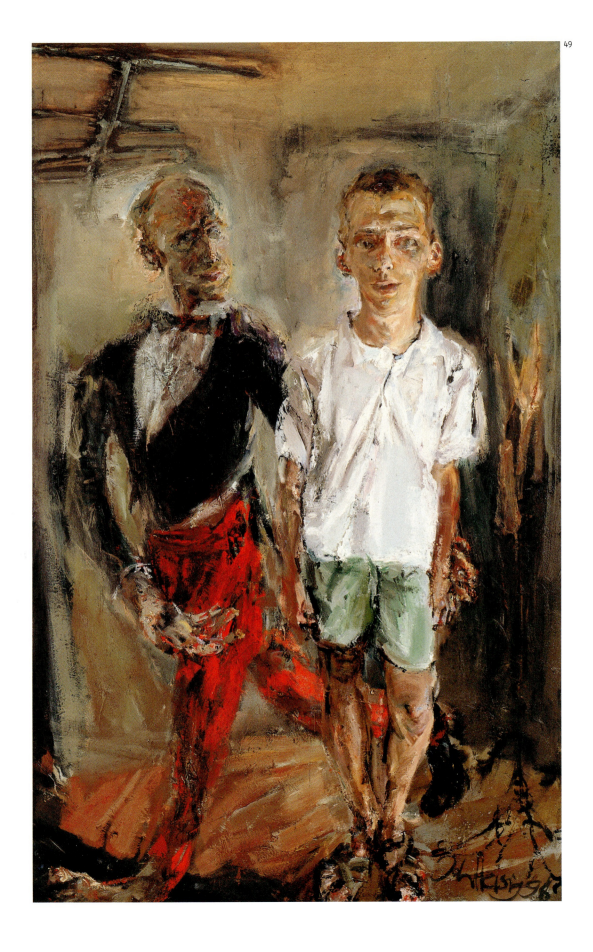

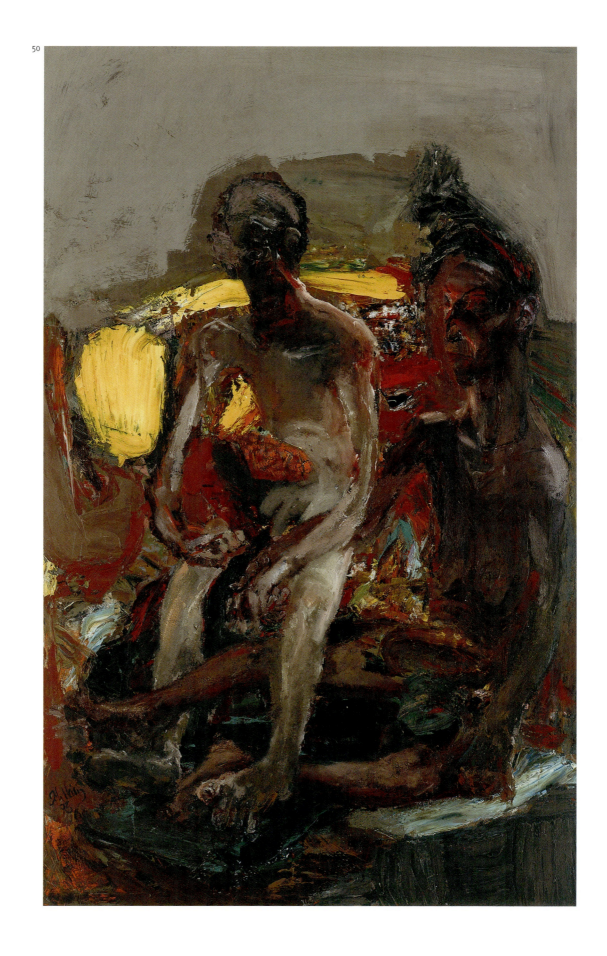

49 Doppelporträt
 (Selbst mit Hermann), 1996
50 Mein Schatz, 1993

Von Anfang an wollte ich etwas machen, das ein ganz persönliches Erleben im Spiegel der sogenannten gesellschaftlichen Konflikte thematisiert, also untersuchen, wie sich die Dramen von Kriegen und Flüchtlingsströmen, von Umstürzen und Hungersnöten, deren Schnappschüsse uns täglich ins Haus geliefert werden, zu mir und den mich umgebenden Alltäglichkeiten verhalten. Wo stecke ich das hin, was bewirkt es in mir, was trage ich zum Zustand dieser Zeit bei und wo und wie kann ich überhaupt etwas tun oder mich auch nur darin wiederfinden? Im ›Uylenspiegel‹ des Charles de Coster fand ich ein grandioses Beispiel für diese Dialektik. Und ich fand den kleinen Jungen wieder, der sich hinter die Maske des Schelms zu retten sucht. Ich verstand auf neue Weise einen wichtigen Aspekt meiner Arbeit: Das Bild des Kindes als das Spiegelbild der Macht.

Johannes Heisig

51 Uylenspiegel (Triptychon), 1996

52 Artistenfamilie, 2001
53 Straßmannstraße nach rechts, 1998

54 Das Lager, 1992/2001
55 Ich dachte, du kommst zurecht, 2003

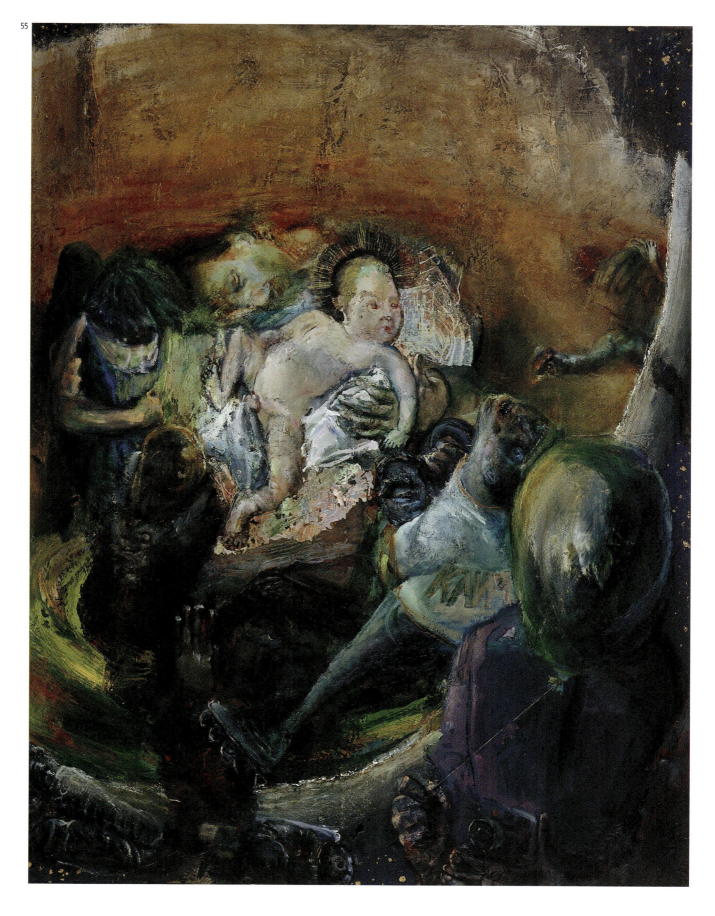

56 Stillleben, 1996
57 Stillleben, 1995

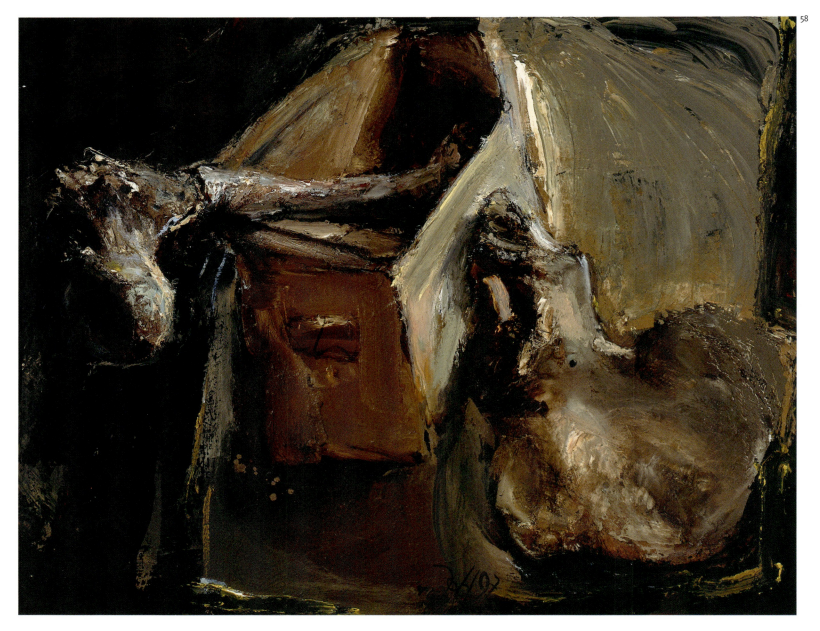

58 Knochen, 1997
59 Stillleben (Rosen), 1997

60 Stillleben vor Spiegel, 1997
61 Stillleben, 1993

62 Porträt Egon Bahr, 2002
63 Porträt Günter Bersch, 2000

Johannes Heisig im ›Arbeitsjournal‹ zum Gelliehäuser Altarbild:

November 2001

Lange und langwierige Diskussion mit dem Kirchenvorstand am 27. Oktober. Wieder ging es um die Frage der Porträtähnlichkeit. Dieses Ausmaß an Ablesbarkeit hatte keiner erwartet. Ob ich die Leute nicht weniger erkennbar malen könne? Es bedarf vieler Worte, um klarzumachen, dass es eben auf diese Erkennbarkeit ankommt, soll das Bild unlösbar in dieser Zeit und an diesem Ort geistig verankert werden. Sie müssen jetzt über ihren Schatten springen. Ich verstehe natürlich, dass mein Ansatz aus einer Distanz kommt, die sie nicht einnehmen können. Jeden Sonntag werden die, die drauf sind auf dem Bild, sich ebenso daran reiben wie die, die nicht drauf sind.

Januar 2002

Ich will das Gefühl erzeugen, dass diese Leute auf den Seitentafeln mit dem Betrachter vor dem Altar gemeinsam sich der Szene der Passion Jesu stellen, singend, meditierend, wie auch immer. Das Schriftband soll also auch dafür sorgen, dass der Betrachter die Gemeindeporträts nicht in der gleichen Weise als Szenerie empfindet wie den Gethsemane-Moment. Er soll die Singenden verstehen als ihm vergleichbare Zeugen; zusammen mit ihnen blickt er auf die kinoartige Parabel von Jesus und seinen Jüngern.

Januar 2003

Es ist schon wieder fast ein Jahr her. Ich hatte … plötzlich ein ungewöhnliches, beinahe zärtliches, Gefühl und dachte, dass es etwas Merkwürdiges sei, diese Leute, in deren Leben ich mich eingemischt habe und die mich für eine Zeit so stark beschäftigten, nun nicht mehr zu sehen. Ich kann mich an keine vergleichbare Situation nach einer beendeten Arbeit erinnern. Auch das war bemerkenswert an der Aufgabe, das Gelliehäuser Altarbild zu malen.

64 Altarbild Gelliehausen, 2002

du, HERR, hilfst mir, daß ich sicher wohne. Psalm 4,9

65 Alte Scheune in Mecklenburg, 2000
66 Landschaft bei Neustrelitz, 2002
67 Winter, 1997
68 Winterabend in Loschwitz, 1996
69 Wintermorgen in Loschwitz, 1996
70 Garten im Winter, 1996

71 o. T., 1992/1993
72 Ich sehe was, was du nicht siehst (Schulhof), 1993

Johannes Heisig zur Präsentation seines Bildes ›Pietà‹ in der Garnisonkirche Wilhelmshaven am 23.11.1995

Außerhalb der christlichen Ikonografie gibt es in der westlichen Malerei der letzten zwei Jahrtausende keine nennenswerte Bildvorstellung. Die Identität des Europäers wurzelt trotz aller Emanzipation, aller Säkularisierung und kulturellen Differenzierung im Text der Bibel. ... In allen Zeiten kennen wir große Kunstleistungen, die das bezeugen, in der Musik etwa die gewaltigen Oratorien eines Johann Sebastian Bach, aber auch das War Requiem Benjamin Brittens oder die Meditationen John Coltranes über die Evangelien. Die bestürzenden Filme des Pier Paolo Pasolini übertragen ebenso wie die des Andrej Tarkowski tiefreligiöse Stoffe in eine zerrissene Gegenwart. ... Das gilt auch für die Malerei des XX. Jahrhunderts; ich verweise nur auf die Werke Francis Bacons, Marc Chagalls oder Ernst Barlachs. Wer es ernst meint mit dem Bild des Menschen, hat, zumindest als Europäer, in den Figuren der biblischen Geschichte tief im kulturellen Bewusstsein verankerte Archetypen, die in jeder Gegenwart lebendig sind.

Ich gehöre zu dem Typus Maler, die Geschichten erzählen wollen, denen also das reine Spiel mit den Mitteln nicht ausreicht. Ein Rot neben einem Grün kann schrill und aggressiv sein. Man kann es dabei belassen. Betrachtet man aber einen Lucas-Cranach-Altar, sieht man, wie die Aggressivität des Rot-Grün noch einen Namen bekommt; etwa den des Martyriums der Hl. Katharina. Wir wissen durch diese Bilder von den mörderischen Aspekten des Mittelalters. Was ist mit den mörderischen Aspekten dieser, unserer Zeit? Die seien nicht Sache der

73 Pietà (Triptychon), 1994/1995

bildenden Kunst, wird gesagt, nicht literarisieren solle der Maler, sondern an der Form arbeiten. … Es begegnet uns da ein merkwürdiges Schisma, das sich im täglichen Horror der ›Nachrichten‹ delektiert und dann aber, oder eben deswegen, an der Wand allenfalls farbenfroh-leichtfüßige Dekoration duldet.

Leider nun weiß ich diese Trennung nicht zu handhaben für mich. … Auch hat man manchmal kaum eine andere Wahl. Das Malen dieses Bildes war eine Art Ventil für mich; ich hatte allerhand Ängste zu bannen, solche, von denen ich schon sprach und solche, die jeder mit sich allein auszumachen hat. Vielleicht liegt im gemalten Bild eine Möglichkeit, sich selbst ein wenig zu betrügen und zu trösten: man kann eine unmittelbare Mitteilung an eine diffuse Öffentlichkeit machen, dem Quengeln eines frierenden Säuglings nicht unähnlich.

Eines Tages hörte ich von russischen Frauen, Müttern, die einen Zug gechartert hatten, um ihre Söhne, die als Soldaten in Tschetschenien dienten, nach Hause zu holen. Plötzlich hatte ich die Brücke gefunden zur Mutter-Kind-Thematik, die von permanenten Verlusten erzählt und im Topos der ›Pietà‹ tragisch zugespitzt wird. Das konnte ich, wie wohl jeder, mit eigenem Erleben füllen. Und: die ›Pietà‹ ist eines der ganz großen Themen der europäischen Malerei, ich … konnte eine Sprache benutzen, die viele schon gesprochen hatten und die allen immer verständlich bleiben wird. Ganz wunderbar führt die ›Pietà‹ als Stoff die Schnittstelle des Politischen mit dem Privaten vor. …

74 Das Reich der Zeichen, 1990

Ilona Rühmann

Suche nach dem roten Faden

Johannes Heisig – Bilanz der Bilder

Ortswechsel ändern zuverlässig Blickwinkel und Perspektiven. Johannes Heisig ist wieder einmal umgezogen. Bis vor kurzem noch war Berlins schrille Mitte sein Wohnumfeld, eine Kreuzberger Fabriketage das Arbeitsrevier. Die neue Adresse liegt in einer eher gesichtslosen Straße Neuköllns. Zweiter Hinterhof, Fabrikgebäude, Wohnung und Atelier in einem. Es scheint, er habe sich hier verschanzt, abgewandt von den Schaufensterseiten der Stadt, auf sich selbst zurückgezogen. Dahinter steckt weniger programmatische Absicht, eher das überzeugende Verhältnis von Platz und Quadratmeterpreis. Aber das Motiv der Abkehr gefällt dem Maler durchaus. Der nach außen getragene dynamische Hauptstadtbetrieb, das VIVA-Bild von Berlin, die Event-Läden in der Nachbarschaft gingen ihm auf die Nerven. ›Dazu bin ich zu alt‹, sagt er. ›Für mich ist es an der Zeit, künstlerisch ein paar Dinge zu formulieren, die mir vorher einfach nicht zugänglich waren. Weil mir das Handwerkszeug fehlte, mich das Leben gerade beutelte oder ich zu beschäftigt war mit der Suche nach einem Standort.‹ Jetzt glaubt er, dass sich vieles in seiner Arbeit glücklich zusammenfügt. Er ist sich seiner Mittel sicher. Und weiß, welche Wege er nicht verfolgen will. ›Vordergründiger Erfolg, eine bestimmte Art von Reflex sind mir nicht mehr wichtig. Der öffentliche Kunstbetrieb macht mich eher schlapp und lenkt ab. Ich bin auf einer ganz anderen Strecke unterwegs.‹

Heisig beginnt zu verstehen, was ihn umtreibt, und anzunehmen, was ihn ausmacht – ›auch das, was ich gern weghaben wollte oder zu übertönen versuchte.‹ Vor allem gelingt es ihm, das in Arbeit umzusetzen, in neuen Bildern von sich und seiner Welt zu erzählen. Rückblickend erkennt er in früheren Motiven viele unbewusste Anklänge daran. ›Jetzt kann ich es deutlich machen.‹ Johannes Heisig ist gerade fünfzig geworden.

Das neue Domizil im Neuköllner Hinterhof bietet einen überraschend offenen, sonnigen Ausblick. Auf einen Kindergarten, auf den Skulpturenpark des benachbarten Metallgestalters, auf hohe alte Bäume. Das Gemälde auf der Staffelei hat noch keinen Titel. Die Figuren beginnen gerade erst ihr Eigenleben. Ein Mann – Reisender oder Flüchtender; eine Frau mit starrem Gesicht; ein kleiner Junge, der nicht weglaufen kann, im Gestus des Ausgeliefertseins ... ›In jedem von ihnen finde ich ein Stück von mir selbst‹, sagt ihr Schöpfer. ›Und zum ersten Mal habe ich dabei das Gefühl, dass all diese Seiten zusammengehören, eine gemeinsame Wurzel haben.‹

Arbeiten aus Johannes Heisigs Werkstatt sind immer eine Art Selbstgespräch in Farbe, Zwiesprache mit der Welt, die ihn bedrängt. Keine klare Linie, statt dessen explodierende Formen, geballte Flächen und grob umrissene Figuren. In der aktuellen Kunstszene, umzingelt von abstrakten Bildschöpfungen, Performances und Installationen, wirkt sein dramatisierender Pinselstrich geradezu altmodisch. Konventionell ist er jedenfalls nicht. Oft genug nimmt der Maler den Lappen zu Hilfe, verteilt damit großzügig Farbe, verwischt Konturen und Gestalten. So wird geklotzt, nicht gekleckert: Aufbauen, Verwerfen, Zerstören und Erkennen – auf seiner Staffelei ist Malen ein archaischer, dialektischer, sinnlicher Akt.

Am Anfang eines neuen Bildes stehe weder Ziel noch Absicht, sagt Johannes Heisig. Kein planvoller Entwurf, statt dessen der Zufall als konstruktives Element, das es auszubauen und zu stabilisieren gilt. ›Ich lasse mich gern überraschen. Was ich als Konzept im Kopf mit mir herumtrage, erlebe ich eher als Begrenzung.‹ Also greift er sich einen weichen Bleistift, ein Stück Zeichenkohle oder die Palette mit den Farbresten vom letzten Mal und sieht sich selbst unbefangen zu. Im Kopf einen Gedanken, im Bauch ein Gefühl, vor Augen eine Impression.

Der erste Entwurf kommt gleich auf die Leinwand. Jede neue Fassung direkt ins Bild. Der letzte Schliff oben drüber. Heisig malt und übermalt. Er kann schwer aufhören. Jedes Original konserviert seine Vorläufer. Ein echter Heisig ist immer Arbeit in Schichten.

Solange das Bild nicht sein Atelier verlassen hat, bleibt er dran. Veränderungen überlagern sich. Am Ende hat die sichtbare Farbschicht all diese Spannungen in sich aufgesogen.

Auch wenn er sich mit Sonnenblumen oder Hausfassaden beschäftigt, Idyll ist nicht zu erwarten. Zeit, die Spuren hinterlässt, hält er darin fest als optisches Ereignis, eingefroren in einem Moment, der Wesentliches offenbart. Auch in Gesichtern. In Porträts konzentriert er Erfahrung, exemplarisches Leben. Zahlreiche Selbstbildnisse spiegeln die eigene Zerrissenheit. Der Zweifel ist ein starkes Element in seinem Leben. Mit Knochen und Barbiepuppen arrangiert er Gedankenspiele, forscht mit dem Pinsel nach Zeichen. Idole und Ideale, Verfall und Vergänglichkeit, Aufbruch und Scheitern, Leben und Tod. Immer dasselbe Thema. Immer ganz persönlich. Und immer auf der Suche.

Bevor Johannes Heisig stilvoll seiner eigenen Wege gehen konnte, musste er sich erst abarbeiten an der väterlichen Übermacht. Bernhard Heisig, führender Kopf der ›Leipziger Schule‹, Markenzeichen im DDR-Kulturbetrieb und einer der berühmtesten deutschen Maler, saß seinem Sohn künstlerisch lange im Nacken. Ein beflügelndes, umstrittenes, erdrückendes, in jedem Sinne gewaltiges Vorbild.

Heisig junior studierte an der Leipziger Hochschule für Grafik und Buchkunst, wo der Senior Professor und später Rektor war.

1978 wechselte er den Standort und wurde Meisterschüler bei Gerhard Kettner in Dresden. Mit ihm kam er zu seiner zweiten Vaterfigur, die weniger autoritär auf ihn einwirkte als die erste. Kettner, der Nestor der DDR-Grafik, ein Schüler von Hans Theo Richter, der wiederum bei Otto Dix gelernt hatte, brachte Dresdens geballte Ladung Tradition über ihn.

Mit Fünfunddreißig wurde Johannes Heisig Professor, ein Jahr später bereits Rektor der ruhmreichen Dresdener

Hochschule für Bildende Künste, der jüngste der Republik. Kleiner Wettbewerbsvorteil: Ins oberste Lehramt gelangte er sogar schneller als seinerzeit Vater Bernhard in Leipzig.

Seine Bilder wurden international herumgezeigt. Sie provozierten auf ostdeutschen Kunstausstellungen und reizten westdeutsche Sammler zum Kauf. Er arbeitete sich durch die kulturpolischen Kämpfe der späten DDR, erstritt begrenzte Freiräume für die Kunst, übernahm sich dabei auch mit dem einen oder anderen Kompromiss. Den Spagat haben viele geübt: Partei ergreifen und Politik nicht den Dogmatikern überlassen. Mitmischen und Dagegenhalten. Ein Amt antreten, um es umzukrempeln.

Nach der Wende gab es dafür rasch Urteile und bedarfsgerechte Etiketten. Sie variierten, umständehalber, vom ›roten Heisig‹ bis hin zum ›teuersten Maler des Ostens‹. Unaufgefordert, aber entschieden, gab er 1991 sein Lehramt an der Dresdner Hochschule für Bildende Künste auf, trat als Rektor zurück und besann sich wieder ganz auf sich selbst – in keiner anderen Funktion als der des Malers, die es neu zu definieren galt.

Unbestritten ist er hierzulande einer der wichtigsten Vertreter seiner Generation. Längst finden sich Werke von ihm in der Dresdner Galerie Neuer Meister, im British Museum in London und im Moskauer Puschkin-Museum. Heisigs Kundenkreis ist illuster. Seine Arbeiten zieren auch Vorstandsetagen europäischer Banken. Bundestagspräsident Thierse dekorierte sein Büro mit Zeichnungen von ihm. Die Wasserbetriebe haben das Porträt eines scheidenden Vorstandsvorsitzenden für ihre Firmengalerie anfertigen lassen. Erstaunliche Duplizität zwischen Vater und Sohn: Kanzlerköpfe als Sujet. Bei Bernhard Heisig saß einst Helmut Schmidt für die Ahnenreihe im Bundeskanzleramt Modell; bei Johannes bestellte sich ein privater Verehrer ein Bildnis von Willy Brandt. Die Auftragsarbeit beschäftigte den Maler intensiver als erwartet. Mehrere Versionen entstanden, sie hängen in der Berliner SPD-Zentrale, im Leipziger Institut für Zeitgeschichte und im Arbeitszimmer vom Bundeskanzler Schröder. Das jüngste Brandt-Porträt fand im Sommer 2003 seinen Platz in Washington – ein Auftrag des German Historical Institute.

Im Jahr zuvor, zu Pfingsten 2002, hatte Johannes Heisig sein bislang aufwendigstes Werk seiner Bestimmung übergeben. Für die sechshundert Jahre alte Dorfkirche im niedersächsischen Gelliehausen malte er ein Altarbild. Eine Arbeit im Auftrag der Gemeinde, in Gottes Namen, praktisch für die Ewigkeit. Dass die Kirche den Diskurs mit moderner Kunst suchte und einen Altar als Reibungsfläche anbot, war unge-

© Günter Bersch

© Günter Bersch

wöhnlich genug. Zudem bestellten die Gelliehäuser ihr Altarbild bei einem Zeitgenossen, der sich seinen Namen keineswegs mit Gefälligkeiten gemacht hatte. Lud doch Johannes Heisig in seinem bisherigen Schaffen eher zum Grübeln als zum Glauben ein. Zur Kirche kam er als Gast, nicht als Christ. Dass sich der Berliner Maler und die niedersächsische Gemeinde aufeinander einließen, zeugt von einer gehörigen Portion Gottvertrauen.

Johannes Heisig kennt den nimmermüden Antrieb des Künstlers, etwas in die Welt zu setzen, das ihn und seine Existenz überdauert. Ein Altarbild, geschaffen für den exponiertesten Platz in der Kirche, ist von vornherein und in besonderem Maße diesem Anspruch verpflichtet. Gleichzeitig begleitet es den Alltag der Gemeinde, die mit ihm lebt. Die Menschen haben es bei Kindstaufen, Konfirmationen und Hochzeiten vor Augen; zu Ostern und Weihnachten; während Predigt, Andacht und Gebet. Heisig sah darin eine seltene Chance: Kunst als Kommunikation im ursprünglichsten Sinne, ganz und gar unabhängig von den Mechanismen des Kunstmarktes. Hundert Prozent künstlerische Freiheit. Ein Maß, an dem er seine eigenen Grenzen vermessen konnte.

In einer der Schlüsselszenen des Neuen Testaments – für den Künstler eine Zustandsbeschreibung des modernen Menschen, wie man sie gegenwärtig nicht präziser formulieren könnte – fand er die Brücke zur eigenen grundlegenden Krisenerfahrung und bietet sie dem Betrachter zur Zwiesprache an. Das Mittelbild des Triptychons zeigt Jesus in Gethsemane, betend neben einem trostlosen Baumstumpf, umringt von schlafenden Jüngern. Ein Mann, der so fest in seinem Glauben ist, dass er Krüppel heilen, Brot wundersam vermehren und übers Wasser laufen kann, im Moment absoluter Verzweiflung – die Idee von der Menschwerdung Gottes in ihrer letzten Konsequenz. Auf den Seitenflügeln begleiten Zuschauer die biblische Szene; singend strahlen sie Gelassenheit aus – heitere Gelliehäuser Apostel.

Heisigs Kunstgriff: Er porträtierte nicht anonyme Menschen, sondern konkrete Mitglieder der Gemeinde. Das Bild der Dorfbewohner, die Realität zwischenmenschlicher Beziehungen bilden für ihn den Kontrapunkt des biblischen Themas. Ganz unterschiedliche Charaktere um einen Tisch versammelt, jeder mit einer anderen Vorstellung von der Welt, verbunden durch die Idee vom Mensch gewordenen Gott. Für die Auftraggeber war es keine leichte Aufgabe, sich selbst darin zu erkennen zu geben. Dazu musste der Großstadtmensch tief eintauchen in die dörfliche Welt, spüren, was es heißt,

an einen Ort wirklich gebunden, in einem sozialen Netz aufgehoben, darin auch verstrickt zu sein, mit allen mehr oder weniger angenehmen Begleiterscheinungen. Der beste Teil des Menschen ist die Gemeinde, sagt Luther.

›Ich gehöre zu den anachronistischen Menschen, die immer noch Geschichten erzählen wollen‹, sagt er. Eine Eigenheit, die zu diesem Auftrag passte. Er interessierte sich für die Geschichten anderer, weil er selbst eine zu erzählen hatte.

Die Um- und Aufbrüche in Heisigs Leben sind weniger bestimmt von den äußeren Umständen der deutschen Wende als vielmehr gezeichnet von Selbstbefragung bis zur Zerreißprobe. Ein Pendeln zwischen zwei Polen beschrieb er einmal als wiederkehrendes biografisches Motiv: Kunst und Politik, Für und Wider, Karriere und Knick, nicht zuletzt das Verhältnis von Vater und Sohn als konfliktreichen, produktiven Abnabelungsprozess. Ost und West natürlich, ›der Gegensatz, an dem sich vieles festmachen ließ, was für mich so oder so auf der Tagesordnung gestanden hätte.‹

Die neuen Möglichkeiten verlangten auch ihm neue Zugeständnisse ab – Balance zwischen individueller Freiheit, Narrenfreiheit, Freiheit des Marktes und Freiheit der Kunst. Früher hatte er gelernt, Bilder als Mittel des gesellschaftlichen Diskurses zu betrachten. Mühsam gewöhnte er sich das wieder ab. Lange kam er schwer damit zurecht, dass Bilder, die ihm besonders am Herzen lagen, oft die unverkäuflichsten waren.

Inzwischen gesteht er zu, dass Malerei auch eine schmückende Funktion hat. Er weiß es zu schätzen, das dekorative Element. Und begreift es keineswegs als Verlust, diese Dimension auch auszuloten. In seiner Idealvorstellung halten sich die Komponenten nach wie vor die Waage: Formvollendete Bilder dürfen auch unbequem sein.

Johannes Heisig lebt mit dem Druck, eine öffentliche Figur zu sein. Man interessierte sich für ihn als Sohn, als Funktionär, als Rektor, als Auf- und Absteiger, als Kulturprominenz. Der Maler hatte oft das Nachsehen. Ein neuerlicher Spagat, eine andere Klaviatur. Manchmal gelang es ihm, darauf zu spielen. Inzwischen konzentriert er sich vor allem auf seine Arbeit.

Neuerdings gehören auch wieder Studenten dazu. Die Universität Dortmund verpflichtete Johannes Heisig als Gastprofessor für Malerei. ›Ein spannendes Kapitel, beglückend und klärend. Ich muss mich erproben an völlig verschiedenen Sichten, herausfinden, ob meine Wahrheit kompatibel ist mit der anderer. Das hilft, die eigenen Batterien wieder aufzuladen.‹

Seine künstlerischen Wurzeln hat Johannes Heisig in Leipzig und Dresden. Seit 2000 schlägt er neue in Berlin. Die dritte Heimat verweigert sich einfachen Ordnungsprinzipien; bewegt sich zwischen mehr als zwei Polen; eröffnet grundverschiedene Lebensvarianten. Gesichter, Fassaden, Momentaufnahmen – ein Umfeld voller Gedankenblitze. Das schärft den Blick.

Gleichzeitig konstatiert er, dass eine zeitlich und geschichtlich fundierte Optik immer mehr an den Rand gerät. Der neuen Kurzatmigkeit des urbanen Lebens mag sich der Maler nicht ausliefern. Neukölln, der Stadtbezirk mit den meisten Ausländern in Berlin und dem größten Sozialamt der Welt, kommt ihm derzeit mehr entgegen als der Hype der Kulturszene.

Lieber hantiert er mit dem Begriff des alten Europa: ›Mich interessiert wieder, in welche Tradition ich mit dem gehöre, was ich bin; was sich im letzten Jahrhundert getan hat; und aus welchen Wurzeln das kommt. An dieser Stelle ist es mir gleichgültig, wie meine Bilder gerade diskutiert werden, ob ich im Trend liege oder nicht.‹

Umso spannender ist es, das eigene Œuvre vergangener Jahre erneut in Augenschein zu nehmen, nach Linien zu suchen, die es durchziehen, und nach einem roten Faden, der möglicherweise alles miteinander verbindet. Kritische Bestandsaufnahme und Zeit der Ernte. Die Ausstellungshallen aus diesem Anlass sind so groß wie nie zuvor.

Der Bogen der Bilder nach der neunundachtziger Zäsur beginnt mit einer Achterbahnfahrt: ›Mit Ach und Krach‹ heißt das erste Gemälde aus der neuen Welt. Ein großes, lautes

Bild vom Hinausgeschleudertsein. Alles kurvt, schwebt und fliegt. Für Heisig durchaus ein faszinierender Zustand: Man vertraut sich blindlings einer Maschine an, überlässt ihr die Verantwortung, reduziert für Minuten den eigenen Gestaltungsraum und genießt die Schwerelosigkeit. Ein Balanceakt ohne verlässlichen festen Boden. Die Achterbahn bereichert heute den Konferenzraum einer Kreuzberger Wirtschaftsberatungs-Firma, als kreativer Aufhänger fürs Brainstorming.

›Das Bild würde ich heute nicht viel anders machen‹, sagt Johannes Heisig. Auch Arbeiten wie ›Ich sehe was, was du nicht siehst (Schulhof)‹ von 1993 oder das Triptychon ›Pietà‹ (1994/95) gehören zu den Ankerpunkten der letzten anderthalb Jahrzehnte. Die Formate sind kleiner geworden. Dahinter steckt Selbstversicherung, aber auch Selbsterkenntnis: ›Meine Welt lässt sich gut ausdrücken auf Einszwanzig mal Einssechzig.‹ Heisig ist kein Maler der großen, dekorativen Formen und Bildsignale. Ganz anders als sein Vater, dem Schöpfer grandioser Szenarien und Historienpanoramen. ›Ich könnte nie ein Bild über den Alten Fritz malen – das ist mir als Material gar nicht zugänglich.‹ Statt dessen bohrt er sich von den Oberflächen aus in die Tiefe der Landschaften und Gesichter, spürt den Veränderungen nach, den Prozessen der Vergänglichkeit. ›Ich betrachte Fassaden und Höfe, sehe die Stadt als Steingebilde, mit molochartigen Zügen. Dagegen arbeitet das Blühen der Bäume, der Lichteinfall, die Sonne, die blendet.‹ An den Oberflächen der Dinge wird für ihn der Zyklus sichtbar: Menschen bekommen Falten, Knospen sprießen, Blätter fallen. ›Eine Malerei aus der unmittelbaren Anschauung liegt mir umso mehr am Herzen, je älter ich werde‹, sagt er. ›Ich entdecke, dass ich auch Impressionist bin.‹

Johannes Heisig hat sich seine Unbefangenheit zurückerobert. Ein erstrebenswertes Ziel: mit Vergnügen zu malen. Keine Programmatik, kein Motiv als Mittel zum Zweck.

Demnächst wird er ein Jahr lang häufig Station in Eisenach machen. Die thüringische Kleinstadt leistet sich von Zeit zu Zeit den fremden Blick auswärtiger Künstler – Fotografen, Maler, Schriftsteller. ›Stadtgäste‹ bekommen Zeit geschenkt, sich mit dem Ort vertraut zu machen. Heisig fängt nicht bei Null an, er kennt die Gegend, seine Mutter stammt aus Jena. Eisenach lockt ihn als Ort, der ein gegenwärtiges Gesicht besitzt und gleichzeitig einen langen Arm in die Historie.

Es ist ein Trend der Zeit, den er beklagt: Uralte Städte sind kaum mehr zu erkennen, weil ihnen jeglicher Alterungsprozess ausgetrieben wird. Von Neukölln kann man das nicht sagen, das gefällt ihm. Was Berlin, zumal Neukölln jedoch nicht zu bieten hat, ist Mittelalter. Dabei interessieren ihn weniger romantische Winkel als vielmehr der Zusammenhang vom Leben in der Historie: ›Wie drückt sich das gegenwärtig aus – in den Menschen, der Architektur, dem Stadtbild? Wie begreift man sich als Teil einer Entwicklung? Was zeigt sich davon an den Oberflächen?‹ Eine Stadt wie Rothenburg ob der Tauber könnte ihn diesbezüglich kaum reizen, das findet er museal. Eisenach dagegen besitzt noch viel von seinem Geheimnis, ebenso wie Aschaffenburg oder Würzburg.

Johannes Heisig als Heimatmaler am Fuße der Wartburg? ›Warum eigentlich nicht‹, meint er, ›ich hab auch schon Sonnenblumen gemalt. Zumindest würde ich die Wartburg nicht ausschließen.‹ Das Eisenacher Angebot kommt auch seinem Bedürfnis nach langsameren, weniger zackigeren Rhythmen entgegen als den in Berlin erlebten. Es ist ein neuer Ort für seine Lieblingsbeschäftigung: Spurensuche.

Verzeichnis der abgebildeten Werke

1
Alpha und Omega, 2003, Mischtechnik/Leinwand, 160 x 200 cm

2
Mann mit Fliege, 2000, Öl/Leinwand, 140 x 100 cm

3
Selbstbildnis, 2002, Öl/Leinwand, 100 x 80 cm

4
Romanze, 1993/2003, Öl/Leinwand, 160 x 200 cm

5
Der Vorhang (Familienbande), 1998/2003, Öl/Leinwand, 140 x 100 cm

6
Abwarten, 1992/1993/2003, Mischtechnik, Collage/Leinwand, 120 x 160 cm

7
Das Loch, 1992, Mischtechnik/Leinwand, 160 x 180 cm, Privatbesitz Bad Homburg

8
Auf dem Kopf, 1996, Öl/Hartfaser, 38 x 48 cm, Sammlung IG Metall Frankfurt am Main

9
Mit Ach und Krach (Die Achterbahn), 1990, Mischtechnik/Leinwand, 190 x 270 cm, LBD Unternehmungsberatung Berlin

10
Deutscher Meister, 1996, Öl/Hartfaser, 123 x 103 cm

11
Brandschatz, 1996, Öl/Leinwand, 160 x 180 cm

12
Drachenflieger, 1994, Mischtechnik/Leinwand, 200 x 140 cm

13
Skateboard, 1997–2003, Öl/Leinwand, 100 x 160 cm

14
Das Freibad, 1991, Mischtechnik/Leinwand, 170 x 200 cm, Privatbesitz Berlin

15
Schwimmen lernen, 1991, Mischtechnik/Leinwand, 120 x 160 cm, Privatbesitz Nürnberg

16
Freibad (Unter Wasser), 1998/2003, Mischtechnik/Hartfaser, 118 x 118 cm

17
Baywatch, 2003, Öl/Hartfaser, 110 x 70 cm

18
Selbstbildnis mit Zigarette, 1999, Öl/Hartfaser, 63 x 35 cm, Privatbesitz Berlin

19
Zwei Puppen (Der Fremde und das Schwein), 1993, Öl/Leinwand, 140 x 100 cm, Privatbesitz München

20
Zwei Puppen (Der Fremde und das Mädchen), 1993, Öl/Leinwand, 140 x 100 cm, Privatbesitz Berlin

21
Selbstporträt, 1992, Öl/Hartfaser, 97 x 44 cm, Privatbesitz Frankfurt am Main

22
Onyx, 1993/2003, Mischtechnik/Leinwand, 200 x 140 cm

23
Sonnenblume, 1995, Mischtechnik/Hartfaser, 118 x 44 cm

24
Sonnenblume, 1998, Mischtechnik/Hartfaser, 118 x 44 cm

25
Verwelkte Sonnenblume, 1999, Mischtechnik/Hartfaser, 108 x 44 cm, Privatbesitz Bad Rodach

26
Verwelkte Sonnenblume, 1999, Mischtechnik/Hartfaser, 108 x 44 cm, Privatbesitz Bad Rodach

27
Berliner Hof V, 1996, Öl/Hartfaser, 150 x 120 cm, Kulturstiftung Rügen

28
Marzahn, 1998, Öl/Leinwand, 100 x 140 cm, Privatbesitz Bielefeld

29
Bahnhof Alexanderplatz, 1997, Öl/Leinwand, 100 x 130 cm, Privatbesitz Essen

30
Hof in SO 36, 2003, Öl/Leinwand, 160 x 100 cm

31
Dresden, Kotzschweg, 1996, Öl/Leinwand, 100 x 120 cm, Hotel zum Bären Oberbärenburg

32
Provenzalisches Triptychon, 1997/1998, Öl/Leinwand, je 120 x 75 cm, Privatbesitz Hamburg

33
Porträtstudie Hermann, 2002, Öl/Hartfaser, 100 x 80 cm, Privatbesitz Leipzig

34
Porträt Willy Brandt I, 1999, Öl/Leinwand, 130 x 85 cm, Zeitgeschichtliches Forum, Haus der Geschichte, Leipzig

35
Porträt Willy Brandt II, 1999, Öl/Leinwand, 130 x 85 cm, Konzentration GmbH, Berlin

36
Bildnis Willy Brandt, 1999, Öl/Leinwand, 80 x 100 cm, Sammlung im Willy-Brandt-Haus, Berlin

37
Porträt Willy Brandt, 2003, Öl/Leinwand, 130 x 80 cm, Freundeskreis Willy-Brandt-Haus e.V., Dauerleihgabe im German Historical Institute Washington D.C., USA

38
Regenmann, 1998, Öl/Leinwand, 160 x 120 cm

39
Sonnenfrau, 1998, Öl/Leinwand, 160 x 120 cm, Privatbesitz Hamburg

40
Love Parade I, Mischtechnik, Collage/Hartfaser, 1998, 110 x 95 cm, Privatbesitz Aschaffenburg

41
Love Parade II, Mischtechnik, Collage/Hartfaser, 1998, 95 x 110 cm, Stiftung Stadtmuseum Berlin

42
Love Parade III, Mischtechnik, Collage/Hartfaser, 1998, 95 x 110 cm

43
Love Parade IV, Mischtechnik, Collage/Hartfaser, 1998, 95 x 110 cm

44
Love Parade V, Mischtechnik, Collage/Hartfaser, 1998, 95 x 110 cm

45
Love Parade VI, Mischtechnik, Collage/Hartfaser, 1998, 110 x 95 cm, Privatbesitz Jena

46
Love Parade VII, Mischtechnik, Collage/Hartfaser, 1998, 95 x 110 cm, Privatbesitz Aschaffenburg

47
Love Parade VIII, Mischtechnik, Collage/Hartfaser, 1998, 95 x 110 cm, Privatbesitz Berlin

48
Love Parade IX, Mischtechnik, Collage/Hartfaser, 1998, 95 x 110 cm

49
Doppelporträt (Selbst mit Hermann), 1996, Öl/Leinwand, 200 x 120 cm, Privatbesitz Bergsdorf

50
Mein Schatz, 1993, Mischtechnik/ Leinwand, 200 x 120 cm, Privatbesitz Hannover

51
Uylenspiegel (Triptychon), 1996, Mischtechnik/Leinwand, Mittelteil 160 x 180 cm, Seitenteile je 180 x 140 cm, Privatbesitz Münster

52
Artistenfamilie, 2001, Mischtechnik/ Leinwand, 200 x 200 cm, Sammlung im Willy-Brandt-Haus, Berlin

53
Straßmannstraße nach rechts, 1998, Öl/Leinwand, 140 x 100 cm, Sammlung Deutscher Bundestag

54
Das Lager, 1992/2001, Mischtechnik/ Leinwand, 180 x 200 cm

55
Ich dachte, du kommst zurecht, 2003, Öl/Leinwand, 160 x 120 cm

56
Stillleben, 1996, Öl/Hartfaser, 64 x 79,5 cm, Privatbesitz Dresden

57
Stillleben, 1995, Öl/Hartfaser, 80 x 54 cm, Privatbesitz Dresden

58
Knochen, 1997, Mischtechnik/ Leinwand, 88 x 110 cm

59
Stillleben (Rosen), 1997, Öl/Leinwand, 90 x 70 cm, Privatbesitz München

60
Stillleben vor Spiegel, 1997, Öl/Hartfaser, 60 x 80 cm, Privatbesitz Berlin

61
Stillleben, 1993, Öl/Leinwand, 120 x 110 cm, Privatbesitz Münster

62
Porträt Egon Bahr, 2002, Öl/Leinwand, 100 x 80 cm, Abgeordnetenhaus Berlin

63
Porträt Günter Bersch, 2000, Öl/Leinwand, 100 x 80 cm, Privatbesitz Essen

64
Altarbild Gelliehausen (Triptychon), 2002, Mittelteil 170 x 170 cm, Seitenteile je 150 x 85 cm, Ev.-Luth. Kirche Gelliehausen-Gleichen

65
Alte Scheune in Mecklenburg, 2000, Öl/Hartfaser, 60 x 100 cm

66
Landschaft bei Neustrelitz, 2002, Öl/Hartfaser, 40 x 70 cm

67
Winter, 1997, Öl/Hartfaser, 50 x 70 cm

68
Winterabend Loschwitz, 1996, Öl/Hartfaser, 50 x 40 cm

69
Wintermorgen Loschwitz, 1996, Öl/Hartfaser, 30 x 50 cm

70
Garten im Winter, 1996, Öl/Hartfaser, 59 x 89 cm

71
o. T., 1992/1993, Mischtechnik/ Leinwand, 70 x 180 cm, Privatbesitz Münster, Leihgabe an die Berlinische Galerie Berlin

72
Ich sehe was, was du nicht siehst (Schulhof), 1993, Mischtechnik/ Leinwand, 200 x 200 cm, Dresdner Bank Berlin

73
Pietá (Triptychon), 1994/1995, Mischtechnik/Leinwand, Mittelteil 160 x 180 cm, Seitenteile je 160 x 120 cm, Privatbesitz Grafenau

74
Das Reich der Zeichen, 1990, Mischtechnik/Hartfaser, 170 x 200 cm

Biografisches

1953
in Leipzig geboren
1973 – 1977
Studium der Malerei und Grafik an der Hochschule für Grafik und Buchkunst Leipzig, Diplom, Mitarbeit in der Werkstatt des Vaters Bernhard Heisig
1978 – 1980
Meisterschüler bei Gerhard Kettner an der Hochschule für Bildende Künste Dresden (HfBK)
1979/80
Stipendium an der ›F+F Schule für experimentelle Gestaltung Zürich‹
1981
Geburt des Sohnes Hermann aus erster Ehe
1980 – 1991
Lehrtätigkeit an der HfBK Dresden
1983
Wandbildauftrag im Haus des Rates des Bezirkes Leipzig
1988
Professur und Lehrstuhl für Malerei und Grafik
1989 – 1991
Rektor der HfBK Dresden, Porträt Palucca
1991
Aufgabe des Lehramts, freischaffend in Dresden und Berlin tätig, Gastseminare an deutschen Hochschulen und in Trondheim, Norwegen
1992
Heirat mit der Malerin Antoinette
1998
Bilderzyklus ›Love Parade‹
1999
Porträtfolge Willy Brandt
2000
Übersiedlung nach Berlin
Filmporträt ›Ende der großen Belehrung‹, arte/ZDF
2002
Altargemälde in der Kirche Gelliehausen, 2003 Filmdokumentation ›Dorfbild mit Aposteln‹, arte/NDR
2002
Porträt Egon Bahr
2003
Porträtauftrag Willy Brandt für das German Historical Institute in Washington D.C., USA
Professur für Malerei an der Universität Dortmund

Ausstellungen

Ausstellungsbeteiligungen
Seit 1978
Ausstellungsbeteiligungen im In- und Ausland

Einzelausstellungen (Auswahl)
1994
Kunstverein Wilhelmshaven, Kunsthalle
1995
Kunst- und Kunstgewerbeverein Pforzheim, Reuchlinhaus
1996
›Caput mortuum‹, Kunstverein Aschaffenburg, Jesuitenkirche
1997
Museum/Kunstscheune Bergsdorf
Galerie tammen & busch, Berlin
1998
Kunstverein Bergstraße, Alsbach
1999
Friedrich-Ebert-Stiftung Bonn
2000
Kulturspeicher Oldenburg
2003
›Land in Sicht‹, Thüringer Museum Eisenach, Kunsthalle Arnstadt
2004
›Aus der neuen Welt · Bilder seit 1989‹, Kunsthalle Dominikanerkirche Osnabrück, Altes Rathaus und Galerie APEX Göttingen

Arbeiten in öffentlichem Besitz
(Auswahl)
Sammlung Neue Meister im Albertinum Dresden
Kupferstichkabinett Dresden
Museum für bildende Künste zu Leipzig
Brandenburgische Kunstsammlungen Cottbus
Nationalgalerie und Kupferstichkabinett der Staatlichen Museen zu Berlin
Berlinische Galerie, Berlin
Museum Moritzburg Halle/Saale
Galerie Junge Kunst Frankfurt/Oder
Landesmuseum Oldenburg
Staatsgalerie Stuttgart
Städtische Kunstsammlungen Chemnitz
Staaliches Lindenau Museum Altenburg
Kunsthalle Rostock
Staatsoper Dresden (Semperoper)
Freistaat Sachsen (Paluccaschule Dresden)
Ludwig Institut für Kunst der DDR, Oberhausen
Städtische Museen Erfurt
Germanisches Nationalmuseum Nürnberg
Rheinisches Landesmuseum, Bonn
The British Museum London
Puschkin Museum Moskau
Museum Sczeczin, Polen
Dylan Thomas Museum, Laugharne, Wales
Sammlung im Willy-Brandt-Haus, Berlin
Deutsche Bundesbank Frankfurt am Main
Sächsische Landesbank Leipzig
Haus der Geschichte Leipzig
Ev.-Luth. Kirche in Gelliehausen-Gleichen
German Historical Institute Washington D.C., USA
Abgeordnetenhaus Berlin